冬季奥运会小百科

国家体育总局青少年体育司
国家体育总局体育科学研究所 主编

人民邮电出版社
北 京

图书在版编目（CIP）数据

冬季奥运会小百科 / 国家体育总局青少年体育司,
国家体育总局体育科学研究所主编. -- 北京 : 人民邮电
出版社, 2021.10（2022.2 重印）
ISBN 978-7-115-57406-0

Ⅰ. ①冬… Ⅱ. ①国… ②国… Ⅲ. ①冬季奥运会—
基本知识 Ⅳ. ①G811.212

中国版本图书馆CIP数据核字(2021)第194039号

免责声明

内 容 提 要

本书由国家体育总局青少年体育司联合国家体育总局体育科学研究所主编,通过比赛场景呈现和多角度图文讲解的形式，对速度滑冰、花样滑冰、冰壶、高山滑雪、自由式滑雪、单板滑雪等 15 个冬季奥林匹克运动会（简称"冬奥会"）的体育运动项目和 2022 年北京冬奥会的比赛场馆、场地进行了全方位的介绍,包括体育运动项目的起源与发展、场地与装备、竞赛规则、观赏点，以及比赛场馆、场地的科技与建筑优势等，能帮助读者更全面地了解每项运动和 2022 年北京冬奥会，更安全地参与每项运动，同时具备一定的欣赏比赛的能力。本书还介绍了具有代表性的中国运动员，展现了中国在不同体育运动项目上的发展和成绩，反映了运动员们追求卓越、奋勇争先的优秀品质。书中围绕体育运动项目知识精心设计的计数类、运算类和观察、判断类游戏，有助于读者回顾阅读要点、提升学习效果。作为一本兼具科学性和趣味性的体育运动知识绘本，本书旨在传播体育知识，启蒙运动兴趣，让更多儿童青少年爱上运动、参与运动并从中受益。

◆ 主　　编　　国家体育总局青少年体育司
　　　　　　　国家体育总局体育科学研究所
　　责任编辑　　王若璇
　　责任印制　　马振武

◆ 人民邮电出版社出版发行　　北京市丰台区成寿寺路 11 号
　　邮编　100164　电子邮件　315@ptpress.com.cn
　　网址　https://www.ptpress.com.cn
　　雅迪云印（天津）科技有限公司印刷

◆ 开本：787×1092　1/8
　　印张：6　　　　　2021 年 10 月第 1 版
　　字数：124 千字　　2022 年 2 月天津第 3 次印刷

定价：108.00 元

读者服务热线：(010)81055296　印装质量热线：(010)81055316
反盗版热线：(010)81055315
广告经营许可证：京东市监广登字 20170147 号

编委会

主 任

王立伟 国家体育总局青少年体育司司长

冯连世 国家体育总局体育科学研究所所长

副主任

王 雷 国家体育总局青少年体育司副司长

杨 杰 国家体育总局体育科学研究所副所长

委 员

徐 杰 国家体育总局青少年体育司发展指导处处长

徐建方 国家体育总局体育科学研究所科学健身与健康
促进研究中心主任

前言

体育运动是儿童青少年成长过程中不可或缺的伙伴之一。它既能让儿童青少年茁壮成长，拥有强健的身体，又有助于他们养成良好的行为习惯和积极向上、拼搏进取、百折不挠、团结协作的优秀品质，"文明其精神，野蛮其体魄"是对它最好的诠释。然而，近年来，儿童青少年参与体育运动的情况不容乐观，进而带来一些严峻的问题——体质健康水平不断下降，肥胖率、近视率持续上升，脊柱和心理健康问题日趋显现。

党和国家历来关心儿童青少年的健康成长，重视通过体育运动提升儿童青少年的体质健康水平，陆续出台系列重要文件做出系统性指导。其中，《国务院办公厅关于强化学校体育促进学生身心健康全面发展的意见》提出，到 2020 年，学生体育锻炼习惯基本养成，运动技能和体质健康水平明显提升，规则意识、合作精神和意志品质显著增强；《国务院办公厅关于印发体育强国建设纲要的通知》将青少年体育发展促进工程作为重大工程，提出使青少年掌握 2 项以上运动技能的目标和要求。

为了普及体育运动项目知识，增进儿童青少年对体育运动项目的了解，激发他们的兴趣，让他们能在探索和尝试中找到自己喜爱、适合自己的体育运动项目，并能以科学、安全的方式参与其中，掌握运动技能，进而形成规律的运动习惯，身心健康得到全面发展，国家体育总局青少年体育司和国家体育总局体育科学研究所组织编写了《夏季奥运会小百科》和《冬季奥运会小百科》科普绘本，分别对 47 个夏季奥运会的体育运动项目和 15 个冬季奥运会的体育运动项目进行了多角度的趣味讲解。

《冬季奥运会小百科》围绕体育运动项目的起源与发展、竞赛规则、场地与装备、具有代表性的中国运动员等进行讲解。为了让讲解更加形象、立体和充满趣味，我们将比赛场景"搬"到了书上，结合清晰的标注文字，儿童青少年可以快速了解比赛场地是什么样的、如何才算赢得比赛和哪些行为违反规则等内容。此外，为了全面展现 2022 年北京冬奥会的风采，让儿童青少年对该届冬奥会有更全面的了解，书中呈现了该届冬奥会所有的比赛场馆、场地并介绍了其建筑、科技优势。期望儿童青少年能在自主或与父母、同伴的共同探索中收获更多的知识和乐趣。

在两本绘本的创作和审校过程中，编写团队查阅、参考了国际奥林匹克委员会（简称"国际奥委会"）和各个体育运动项目联合会的最新规则，尽可能确保内容的准确性。但由于时间和能力有限，书中难免会有谬误之处，敬请各位读者指正，以便及时修正完善。此外，衷心感谢所有体育工作者为各个体育运动项目的发展和推广做出的贡献，以及参与两本绘本出版的所有工作人员付出的努力。

最后，希望《夏季奥运会小百科》和《冬季奥运会小百科》能成为儿童青少年了解体育运动项目知识的窗口和引领他们进入体育运动领域的好伙伴；希望每一位儿童青少年都能体会到体育运动的乐趣，终身运动，保持健康和快乐！

本书贡献者

专业审读　张　斌（国家体育总局体育科学研究所）
　　　　　　　崔新雯（国家体育总局体育科学研究所）
　　　　　　　于博华（国家体育总局体育科学研究所）
　　　　　　　李　良（国家体育总局体育科学研究所）

专业审校　邵　佳　刘宸鋬（国家体育总局体育科学研究所）
　　　　　　　石雅俊　马齐瑞　王艺蕊　许　可　刘馨鸿（北京体育大学）
　　　　　　　芦建东　李丽凤　高　也　林嘉欣（北京体育大学）

脚本创作　王若璇　林振英（人民邮电出版社有限公司）
　　　　　　　孙金金　张德强（灌木文化）

插画绘制　张宏亮　李小军　周　鸣　杨蓓蕾　王　晶（灌木文化）
　　　　　　　梁　晶　陈雅婷　韩雅睿　薛文雨（灌木文化）

版面设计　王　平（灌木文化）
　　　　　　　郝俊泽（灌木文化）

特别鸣谢　海豚科力（国家体育总局体育科学研究所科普讲解员）

目录

阅读提示

大家好！我是你们的科普讲解员海豚科力，欢迎和我共同探索奥林匹克运动的奇妙世界！接下来，我们要一起了解15项冬奥会比赛项目和2022年北京冬奥会。对你而言，这些体育运动项目和比赛场馆、场地可能是有些陌生的"新朋友"，也可能是有一定了解的"老朋友"。你能从这趟探索之旅中获得哪些关于它们的新信息？随我一起来看看吧！

就像你我拥有与众不同的外形和性格一样，每一个体育运动项目都在长期的发展中形成了自己独特的"玩法"，因此它们使用的场地与装备、遵循的规则与要求及具有的观赏点都是不同的，书中呈现的比赛场景和不同版块能帮助你全面了解相关信息。你可以按下图所示的顺序，先了解体育运动项目的起源与发展，再到比赛场景中了解关键的竞赛规则和场地要求，这时，你就会对该项目的"玩法"有一个基本的认识。然后，结合对观赏点的介绍，你就能以相对专业的视角来观看比赛了。之后，你可以通过书中对具有代表性的中国运动员获得的荣誉及其意义的介绍，了解中国在该项目上的发展。如果你有兴趣，还可以进一步查阅每位运动员的故事，相信你会被他们勇于挑战、追求卓越、不畏艰难的精神所感染。对体育运动项目有了这些新认识后，是不是有些跃跃欲试？那就来了解一下必要的运动装备吧！它们可以帮助你更加安全地参与运动。接着，你还可以从"小黑板"上了解更多其他信息。最后，你会看到在2022年北京冬奥会上，举办相应运动项目比赛的场馆、场地是什么样的，以及它们在建筑和科技上有哪些特色、优势。比赛场馆、场地的介绍通常位于体育运动项目介绍所在的页面或之前的页面。

怎么样？关于这些"新朋友"和"老朋友"的信息是不是非常丰富？你掌握了多少呢？不妨来挑战一下！书里设置了计数类、运算类和观察、判断类游戏。你如果很好地掌握了书中的知识，就一定能答对相应的问题。快来试一试吧！

对了，在一些体育运动项目的页面，你还可以看到很多来到"比赛现场"的观众。对照下边的观赛礼仪，看看他们有哪些做得不好的地方吧！

观赛礼仪

1. 配合安全检查，不携带违禁物品。
2. 提前入场，对号入座，有序进出。
3. 不可随意走动、高声接打电话。
4. 不可乱丢垃圾，保持场地清洁。
5. 不可向赛场投掷杂物、扰乱秩序。
6. 文明观赛，不说脏话，不喝倒彩。
7. 不可大声喧哗、影响运动员比赛。
8. 尊重比赛结果，为所有运动员鼓掌、喝彩。
9. 升国旗、奏国歌时，肃立、行礼。
10. 严格遵守比赛场馆、场地的所有规定。

Olympic Winter Games

冬季奥林匹克运动会

  20世纪初，滑雪、滑冰和冰球等冰雪项目在欧美国家逐渐发展和普及。被誉为"奥林匹克之父"的皮埃尔·德·顾拜旦提议举办冰雪项目的奥运会，但因为已存在由大多数冰雪项目水平较高的国家参与的北欧冬季运动会，该提议未能被采纳。之后，陆续有冰雪项目进入夏季奥林匹克运动会（也就是我们常说的"奥运会"，简称"夏奥会"）。1924年，"国际冬季体育运动周"活动在法国的夏蒙尼举行。在这项活动结束两年后，国际奥委会正式确认其为第1届冬奥会。1928年至1992年，冬奥会与夏奥会在同一年举行。1994年起，冬奥会与夏奥会以2年为间隔交替举行。目前，冬奥会已举办了23届，第24届冬奥会将于2022年在中国举办。

历届冬奥会

法国·夏蒙尼
1924年1月25日至2月5日
第1届

德国·加米施-帕滕基兴
1936年2月6日至2月16日
第4届

第2届
第3届

瑞士·圣莫里茨
1928年2月11日至2月19日

美国·普莱西德湖
1932年2月4日至2月15日

挪威·奥斯陆
1952年2月14日至2月25日

瑞士·圣莫里茨
1948年1月30日至2月8日

第6届
第5届

美国·普莱西德湖
1980年2月13日至2月24日
第13届

意大利·科尔蒂纳丹佩佐
1956年1月26日至2月5日
第7届

奥地利·因斯布鲁克
1976年2月4日至2月15日
第12届

美国·斯阔谷
1960年2月18日至2月28日
第8届

第9届

奥地利·因斯布鲁克
1964年1月29日至2月9日

日本·札幌
1972年2月2日至2月13日

第10届
第11届

法国·格勒诺布尔
1968年2月6日至2月18日

法国·阿尔贝维尔
1992年2月8日至2月23日

第16届

第17届

挪威·利勒哈默尔
1994年2月12日至2月27日

为避免同年举办冬奥会和夏奥会为各个国家和地区带去的繁忙，国际奥委会决定，自本届冬奥会起，冬奥会和夏奥会改为以2年为间隔交替举办。

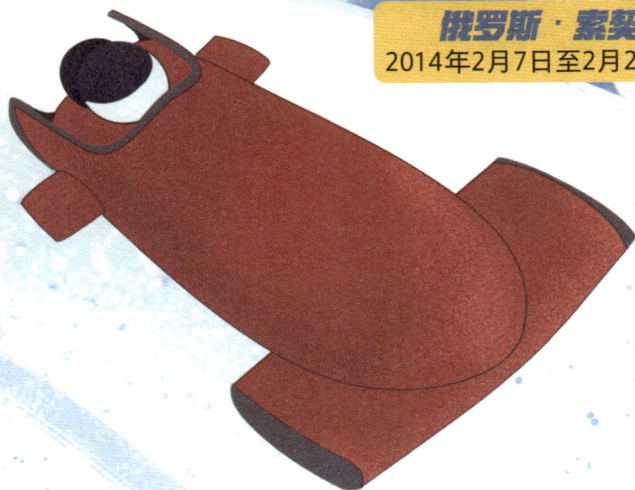

加拿大·卡尔加里
1988年2月13日至2月28日

第15届

第18届

第19届

美国·盐湖城
2002年2月8日至2月24日

日本·长野
1998年2月6日至2月22日

第14届

第21届

第20届

意大利·都灵
2006年2月10日至2月26日

南斯拉夫·萨拉热窝
1984年2月8日至2月19日

加拿大·温哥华
2010年2月12日至2月28日

俄罗斯·索契
2014年2月7日至2月23日

第22届

韩国·平昌
2018年2月9日至2月25日

第23届

第24届

中国·北京
2022年2月4日至2月20日

国家速滑馆

NATIONAL SPEED SKATING OVAL

2022年北京冬奥会速度滑冰比赛场馆
昵称：冰丝带

智慧场馆

馆内的数字冰场技术能为运动员提供比赛和训练的实时数据分析。观众可通过室内外一体化定位导航服务规划到达目标区域和座位的路线。

22条"冰丝带"

场馆的曲面玻璃幕墙形成22条晶莹的"冰丝带"。"22"代表2022年北京冬奥会举办的年份，"冰丝带"象征运动员比赛时形成的冰刀轨迹。"冰丝带"也因此成为国家速滑馆的昵称。

绿色环保

馆内拥有亚洲最大的冰面，它也是世界最大的采用二氧化碳跨临界直冷制冰技术的冰面。该技术是世界上最环保、最先进的制冰技术，碳排放几乎为零，比传统制冰方式节能20%以上。

"编织天幕"

国家速滑馆是世界上规模最大的单层双向正交马鞍形索网屋面体育馆。整个屋面的形状类似薯片，编织结构类似羽毛球拍面，是一种非常节省钢材的设计。

Speed Skating

速度滑冰

　　滑冰最初是寒冷地带人们的交通方式。最开始，人们将兽骨、木块绑在脚下滑行，后来逐渐使用金属制作的"冰刀"、冰鞋。随着社会的发展，人们开始进行滑冰游戏和比赛，速度滑冰逐渐发展起来。中国古代的冰上运动被称为"冰嬉"，其中的"抢等"就是竞速比赛，类似于速度滑冰。1924 年，速度滑冰成为冬奥会正式比赛项目。在 2022 年北京冬奥会上，速度滑冰共设 14 个小项，将产生 14 枚金牌。

张虹 2014 年，获得女子1000米比赛的冬奥会冠军，为中国赢得首枚速度滑冰冬奥会金牌。

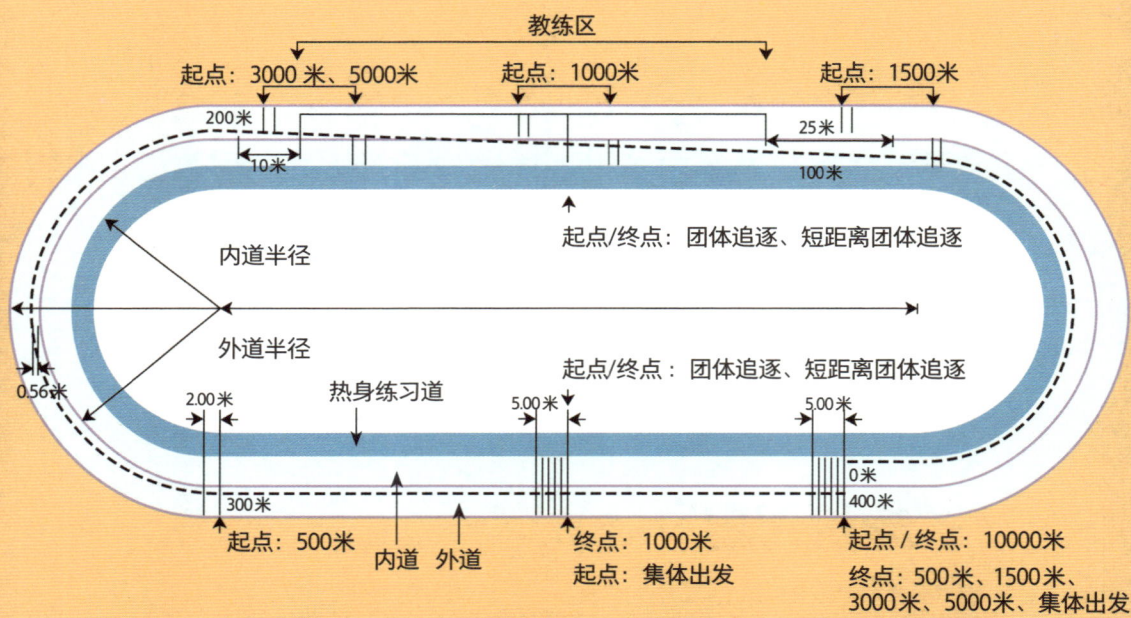

教练区

起点：3000 米、5000 米　　起点：1000 米　　起点：1500 米

200 米

25 米

10 米

100 米

内道半径

外道半径

起点/终点：团体追逐、短距离团体追逐

起点/终点：团体追逐、短距离团体追逐

0.56米

2.00 米

5.00 米

5.00 米

热身练习道

300 米

内道　外道

起点：500 米

终点：1000 米
起点：集体出发

0 米

400 米

起点 / 终点：10000 米

终点：500 米、1500 米、3000 米、5000 米、集体出发

头盔和手套 保护头部和手部，常用于团体追逐和集体出发等碰撞和摔倒风险较高的比赛。

袖标或其他身份标识物 在个人项目和集体追逐比赛中用于标识运动员身份，方便裁判辨别相应滑行的跑道。

比赛服 连体紧身衣，能有效减小空气阻力。

冰刀 速度滑冰的冰刀长、薄、轻，只有前端与冰鞋连接。

6

观赏点 速度滑冰被认为是运动员在不借助外部动力的情况下，在平面上进行的速度最快的运动项目。运动员在比赛中的速度可超过60千米/时，他们的高速滑跑和优美的运动身姿极具吸引力。而在集体出发项目中，同队运动员会采用集体战术，场上形势瞬息万变，比赛结果存在一定的偶然性，看点十足。

护目镜 保护眼睛。

请判断

在集体出发比赛中，1名运动员第2圈排名第2，第4圈排名第1，第6圈排名第2，其余圈均排名第3，那么其总积分为多少？

个人项目

男子	500米、1000米、1500米、5000米、10000米。
女子	500米、1000米、1500米、3000米、5000米。

- 2人1组比赛，抽签决定内外道。运动员每滑1圈，在换道区换道，外道运动员拥有换道优先权。滑行时间短者为胜。

团体追逐

男子：8圈。	女子：6圈。

- 2队1组比赛，每队3名或4名运动员，在冰场同一条跑道的相对两侧同时出发，第3个通过终点线的运动员的滑行时间短的队伍为胜。

集体出发

- 所有运动员同时出发，无内外道之分，热身练习道也属于比赛场地。
- 第4、第8、第12圈的前3名分别积3分、2分、1分，最后一圈的前6名分别积60分、40分、20分、10分、6分和3分。
- 胜负主要由积分决定，但存在3种特殊情况：积分相同时，率先到达终点线者为胜；无积分时，完赛时间短者为胜；未完赛的，完成圈数多者为胜。

首都体育馆
CAPITAL INDOOR STADIUM
2022年北京冬奥会短道速滑、花样滑冰比赛场馆
昵称：最美的冰

留存的记忆
场馆建成于1968年，曾是北京规模最大、功能最多、适用范围最广的体育馆，拥有我国首个人工冰场。

第1块冰面
馆内冰面于2020年11月11日制成，是北京冬奥会第1块采用二氧化碳跨临界直冷制冰技术的冰面。

快速功能转换
为满足短道速滑和花样滑冰两个项目对冰面的不同要求，改造冰场结构，重排制冰管线，实现2小时完成冰场功能的转换。

最美的冰
馆内运用最新的声光电技术，打造最美的冰面，有效提升赛场观感，为观众带去精彩纷呈的观看体验。

Short Track Speed Skating
短道速滑

短道速滑全称短跑道速度滑冰，由速度滑冰发展而来。该项运动起源于加拿大，并相继在多个国家开展。在1969年举行的第33届国际滑冰联盟代表大会上，加拿大向与会代表发放了短道速滑规则。1975年，短道速滑委员会成立。1992年，短道速滑成为冬奥会正式比赛项目。在2022年北京冬奥会上，短道速滑共设9个小项，将产生9枚金牌。

武大靖 目前短道速滑男子500米比赛的世界纪录和奥会纪录保持者。2018年，获得男子500米比赛的冬奥会冠军为中国国家男子短道速滑队赢得首枚冬奥会金牌。

杨扬 2002年，获得女子500米、1000米比赛的冬奥会冠军，实现了中国冬奥会金牌零的突破。在运动员职业生涯中，共获得59个世界冠军。2010年，当选国际奥委会委员成为中国首位以运动员身份当选的国际奥委会委员。

头盔 形状规则，不能有凸起。

冰刀 冰刀管必须是封闭的，刀刃有弧度，刀身短，前后均与冰鞋连接。

护目镜 保护眼睛。

护颈 使用防切割材质，保护颈部。

手套 使用防切割材质，左手指尖配有手扣，减小过弯摸冰时的摩擦力。

比赛服 连体紧身衣，能有效减小空气阻力。关键部位使用防切割材质，如手臂处、脚踝处等。膝盖处配有海绵垫，起保护作用。

护胫板 使用防切割材质，保护胫骨。

个人项目 男子：500米、1000米、1500米。女子：500米、1000米、1500米。

采用淘汰制，每轮比赛的前2名或前3名进入下一轮。一般来说，进入500米、1000米决赛的运动员为4人，进入1500米决赛的运动员可达6人。

团体接力 男子：5000米；女子：3000米；混合：2000米。

每队由4名运动员参赛，可自行安排每位运动员滑多少次及每次滑多少圈，但最后2圈必须由同一运动员完成。与田径接力赛不同，运动员在接力区推动下一位队员即完成接力。

算一算 在短道速滑500米比赛中，运动员需滑4圈半，那么在3000米比赛中，运动员需滑多少圈？

一圈：111.12米

终点　**起点**

所有项目　1000米、3000米、5000米、混合团体接力

至少7米

8米

8.5米

28.85米

标志块

起点

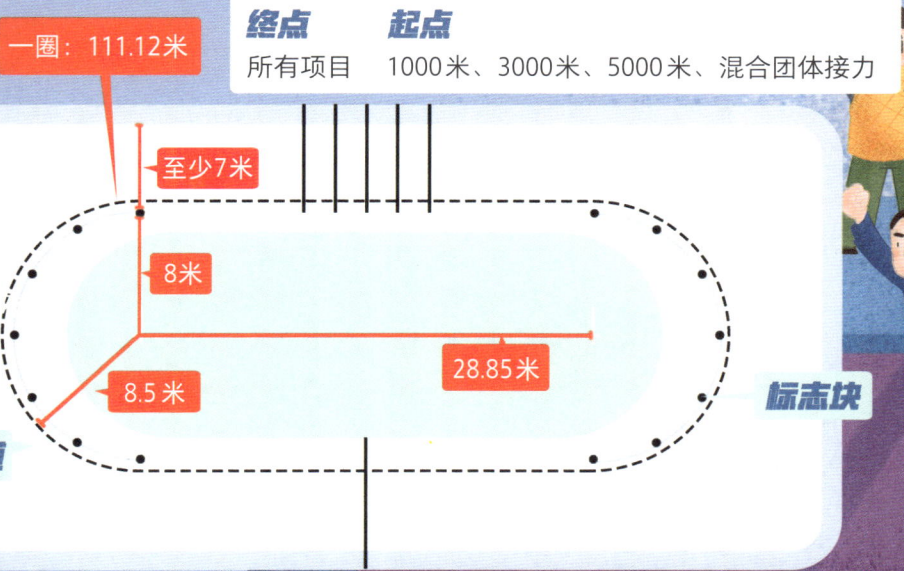

500米、1500米

总用时：44.19

在个人项目和团体接力比赛中，滑行时间短者为胜。

过弯时，运动员为保持平衡，会用左手扶冰面。

两端弯道各放置7个黑色橡胶材质的标志块，运动员只能在外侧滑行，但过弯摸冰时，手可以放在标志块内。

速度滑冰与短道速滑

场地

- 速度滑冰跑道长400米，场地大小与400米田径场相当，分内、外两条比赛道和最内侧的热身练习道。
- 短道速滑跑道长111.12米，场地大小与2个篮球场相当，两端弯道处设置黑色标志块，运动员不得滑入标志块内。

服装

- 速度滑冰运动员参加个人项目比赛时，通常身着包括帽子在内的紧身连体服，以最大限度地减小空气阻力，不佩戴头盔和手套；参加团体追逐和集体出发比赛时，通常佩戴头盔和手套。短道速滑运动员身着关键部位由防切割材质制成的紧身连体服，并佩戴头盔及防切割手套、护颈、护腿板，以在发生碰撞和摔倒时保护自己。

项目

- 速度滑冰比赛分为个人项目、团体追逐和集体出发3类。
- 短道速滑比赛分为个人项目和团体接力2类。

请判断

速度滑冰和短道速滑的冰刀一样吗？如不一样，区别是什么？

Figure Skating

花样滑冰

花样滑冰兼具力量和美感，被称为"冰上芭蕾"。该项运动起源于18世纪的英国。1772年，英国的罗伯特·琼斯撰写的《论滑冰》成为首个提到花样滑冰的出版物。1863年，美国的芭蕾舞表演艺术家海因斯将冰上技术融入舞蹈艺术，进行表演，推动了花样滑冰的发展。1868年，美国的丹尼尔·梅伊和乔治·梅伊表演的双人滑被视为世界首个花样滑冰表演。1924年，花样滑冰成为冬奥会正式比赛项目。在2022年北京冬奥会上，花样滑冰共设5个小项，将产生5枚金牌。

技术动作分	节目内容分	总分
67.51	72.40	139.91

短节目得分	自由滑得分	总分
76.66	139.91	216.57

得分=技术动作分+节目内容分−扣分
- 技术动作分常被称为T分，由基础分和执行分组成，分别由技术组和裁判组进行评判。
- 节目内容分常被称为P分，由裁判组根据滑行技术、动作连接、表演完成、节目构成和音乐表达这5方面进行评判。
- 运动员如果在动作、用时、音乐等方面违反规则，则会被扣分。

申雪/赵宏博 2002年，获得双人滑比赛的奥运会铜牌。2010年，获得双人滑比赛的奥运会冠军，为中国赢得首枚花样滑冰冬奥会金牌。

请判断

冰场上进行的是哪个比赛项目哪个阶段的比赛？

比赛服 通常，男运动员着上衣和长裤，女运动员着裙子或连体衣。服装要和所选音乐、编排节目相协调。

冰刀 前端有用于跳跃的"刀齿"。具有内刃和外刃，前者靠近脚内侧，后者靠近脚外侧。

观赏点 花样滑冰运动员在音乐的伴奏下，在冰面上既要滑动又要做出各种高难度甚至惊险的动作，且这些动作与音乐完美结合，从而给观众带去精彩绝伦的视觉享受。美感、力量和技巧的结合赋予花样滑冰独特的魅力。在双人滑比赛中，男、女运动员协调、流畅的配合也是一大看点。

托举 双人滑和冰上舞蹈的技术动作，但冰上舞蹈要求托举不能过肩。

冰面 温度为−3.5~−4 摄氏度，厚4.5~6 厘米。

有效滑冰区的最佳长度为 60 米，最佳宽度为 30 米

场地四角为弧形。

男子单人滑、女子单人滑、双人滑（男女组队）

短节目	规定时间为 2 分 40 秒（±10 秒），单人滑要求包含旋转、跳跃和步法，双人要求包含双人旋转、捻转、跳跃、抛跳、托举、步法和螺旋线，侧重于对运动员冰上技术的考查；得分较高的前几名晋级，进行自由滑比赛。
自由滑	规定时间为 4 分钟（±10 秒），单人滑要求包含旋转、跳跃和步法，双人滑要求包含旋转、捻转、跳跃、抛跳、托举、步法和螺旋线，侧重于对运动员节目编排和呈现效果的考查，运动员可发挥的空间更大；短节目和自由滑的总分决定比赛名次。

冰上舞蹈（男女组队）

韵律舞	规定时间为 2 分 50 秒（±10 秒），要求包含旋转步、舞型、托举和步法，侧重于对运动员冰上技术和舞蹈技术的考查；得分较高的前几名晋级，进行自由舞比赛。
自由舞	规定时间为 4 分钟（±10 秒），要求包含旋转步、托举、步法和编排动作，侧重于对运动员节目编排和呈现效果的考查，运动员可发挥的空间更大；韵律舞和自由舞的总分决定比赛名次。

团体赛

先进行男子单人滑、女子单人滑、双人滑和冰上舞蹈的短节目（韵律舞）比赛，得分较高的前几名晋级，进行各个比赛项目的自由滑（自由舞）比赛。两个阶段比赛的总分决定比赛名次。

跳跃动作

跳跃动作是最受关注的技术动作，难度由转体周数和跳跃方式决定。最少跳跃 1 周，目前最多跳跃 4 周。跳跃方式由难到易包括以下 6 种。

阿克塞尔跳（Axel）：唯一向前跳的跳跃动作。

勾手跳（Lutz）：通常，运动员用右脚点冰，用左脚外刃逆时针起跳。

后内点冰跳（Flip）：通常，运动员用右脚点冰，用左脚内刃逆时针起跳。

后外结环跳（Loop）：通常，运动员用右脚外刃逆时针起跳。

后内结环跳（Salchow）：通常，运动员用左脚内刃逆时针起跳。

后外点冰跳（Toe Loop）：通常，运动员用左脚点冰，用右脚外刃逆时针起跳。

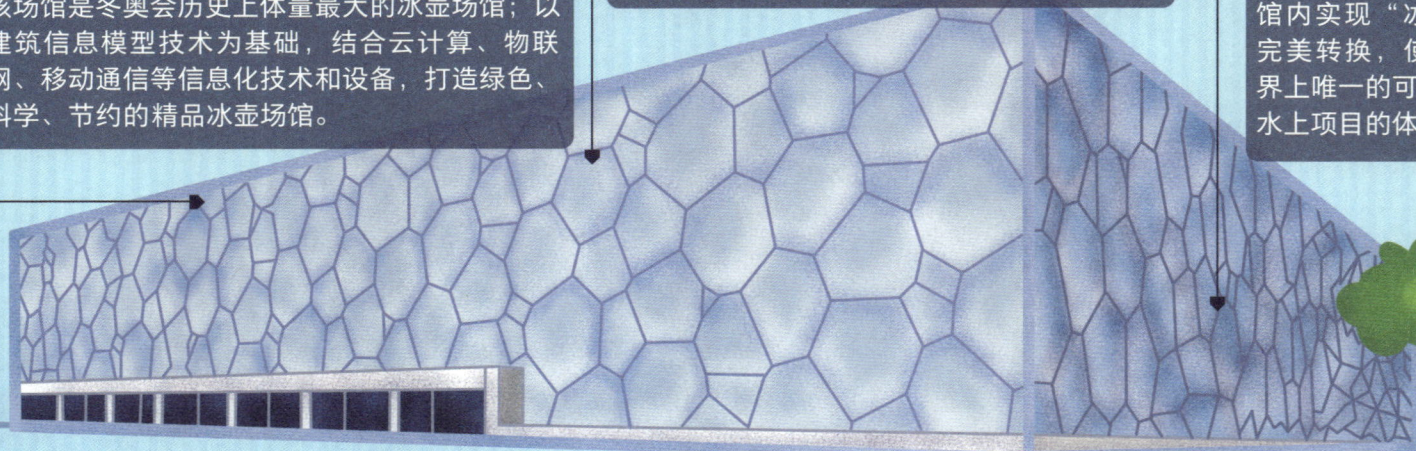

"水立方"华丽变身"冰立方"

通过比赛大厅中部的可转换结构和可拆装制冰系统，馆内建成4条标准赛道，使2008年北京奥运会的标志性场馆"水立方"华丽变身为"冰立方"。

体量最大的冰壶场馆

该场馆是冬奥会历史上体量最大的冰壶场馆；以建筑信息模型技术为基础，结合云计算、物联网、移动通信等信息化技术和设备，打造绿色、科学、节约的精品冰壶场馆。

"冰""水"双驱

馆内实现"冰""水"功能的完美转换，使该场馆成为世界上唯一的可同时运营冰上、水上项目的体育场馆。

Curling

冰壶

冰壶也叫掷冰壶、冰上溜石，被认为是起源于16世纪初的苏格兰：人们在苏格兰发现的刻有年份"1511"和人名的砥石，被认为是目前世界上最早的冰壶。一些早期艺术作品呈现了苏格兰人在冰面上玩类似冰壶的游戏的场景。世界首个冰壶俱乐部在苏格兰成立，并形成了初步的冰壶运动规则。随后，该运动逐渐传播到北美洲、亚洲。1998年，冰壶成为冬奥会正式比赛项目。在2022年北京冬奥会上，冰壶共设3个小项，将产生3枚金牌。

	1	2	3	4	5	6	7	8	9	10	11	总分
红方	0	1	0	0	1	0	2	0	2			6
黄方	1	0	0	2	0	2	0	2	0			7

男子、女子比赛均共10局，混合双人比赛共8局，累计得分高的一方获胜。若双方得分相同，则进行加时赛。加时赛局数不限，先得分的一方获胜。

内圈

45.72 米

请判断

若该局所有投掷已完成，哪方得分？得几分？

后卫线 未被掷入营垒端栏线和后卫线之间区域的冰壶被视为出局，会被移至场外。

比赛服 一般为宽松的长袖、长裤运动服，方便运动员做投掷、刷冰动作。

冰壶刷 刷毛由合成鬃或马鬃制成。

冰壶 由不含云母的花岗岩制成，周长不超过91.4厘米，高不小于11.4厘米，重17.24～19.96千克，壶体和手柄通过螺栓相连。

冰壶鞋 蹬冰脚所穿鞋为橡胶底，摩擦力较大；滑动脚所穿鞋为塑料底，摩擦力较小。

滑动脚

蹬冰脚

冰壶集技巧与智慧于一体，也被称为"冰上国际象棋"。该运动既考验运动员的投掷技术和刷冰技术，又考验整体战术的规划和所有运动员对战术的执行，压力与激情并存。最后一次投掷往往能瞬间改变场上局势，胜负悬念有可能持续到最后一刻，十分精彩。

在男子、女子比赛中，出场队员为4名，替补队员为1名；在混合双人比赛中，出场队员为2名（一男一女）。

本垒，即发球区

旋转手柄可改变冰壶的运动方向。

起蹬器 运动员借助该装置发力滑行。

4.75米

用冰壶刷刷冰可使冰融化，减小冰壶和冰面间的摩擦力。

前卫线

冰面 弧形，使运动员可以打出弧线球。

栏线 运动员必须在触碰该线前将冰壶掷出。未完全通过营垒端栏线的冰壶被视为出局，会被移至场外。

比赛前，冰面上被均匀喷洒水珠，形成点状麻面，以减小冰壶和冰面间的摩擦力。

运动员通过刷冰改变冰壶的运动方向和速度。

圈心

外圈

边线 触碰边线的冰壶被视为出局，会被移至场外。

栏线

0.15米

1
2

投掷先后手的决定 第1局前，双方各投掷冰壶1次，距离T线较近的一方可选择投掷先后手。一般来说，获得选择权的一方会选择更有优势的后手投掷。一局的得分方在下一局先手投掷。若某一局无人得分，则下一局的投掷先后手与该局相同。

0.61米

1.83米   1.22米

T线 冰壶触碰该线前，可为己方冰壶刷冰；冰壶越过该线后，只能为对方冰壶刷冰。

营垒 也叫大本营（由4个半径分别为0.15米、0.61米、1.22米和1.83米的同心圆组成）。

得分 每局的所有投掷结束后，位于营垒内且比对方所有冰壶更接近圈心的每个己方冰壶均可计1分。

男子、女子比赛
- 场上4名队员分别为一垒、二垒、三垒和队长。
- 每局中，一垒、二垒、三垒和队长分别负责己方的第1和第2、第3和第4、第5和第6、第7和第8次冰壶投掷。
- 一垒、二垒和三垒在其他队员投掷冰壶时负责刷冰。队长在队员投掷冰壶时负责站在营垒处指挥全局。注意，在队长投掷冰壶时，三垒暂时负起队长的指挥职责。
- 每局中，双方队员按顺序一轮一次地投掷冰壶，共投掷16次。

混合双人比赛
- 定位壶：开局前，双方在冰面上各放置1个定位壶。
- 每局中，2名队员分别负责己方的第1和第5、第2~4次冰壶投掷。
- 每局中，双方队员按顺序一轮一次地投掷冰壶，共投掷10次。
- 每局的前4个冰壶（包括定位壶）不允许击打场上其他冰壶。

国家体育馆
NATIONAL INDOOR STADIUM
2022年北京冬奥会冰球比赛场馆
昵称：冰球圣殿

"福地""金窝儿"
2008 年北京奥运会期间中国代表团获得金牌数量最多的场馆。

绿色场馆
场馆使用水源热泵技术，实现水资源的零消耗、零污染。

五棵松体育中心
WUKESONG SPORT CENTRE
2022年北京冬奥会冰球比赛场馆
昵称：冰篮圣地

6 小时 "篮""冰" 转换
建造时，场馆中就预埋了制冰管道，为日后作为冰球比赛场馆做好准备，只要 6 小时就可实现篮球场和冰球场的转换。

"黑科技" 助力
场馆采用通过智能体温计、物流机器人、云转播、子弹时间和自由视角等 "黑科技"，满足疫情防控、物流和媒体转播等需求。

14

绝佳观赛体验

馆内新增亚洲最大的曲面高清斗屏系统，为观众带来全方位的清晰视角；全线定制版场地照明基本实现肉眼零光晕并大大淡化比赛中围板的反光影，同时提升灯光秀效果，带给观众超强感官体验。

"冰砖"外衣

扩建的冰球训练馆的外立面是由863块具有冰花图案的压花玻璃制成的幕墙，远观如同一整块"冰砖"镶嵌在建筑中。

"冰菱花"开

新建的五棵松冰上运动中心的外立面采用栅格幕墙设计，是国内首个使用传统铝合金的幕墙系统。该幕墙以雪花图案为基本形状，具有5种颜色，形成多彩的"冰菱花"效果。

超低能耗

新建的五棵松冰上运动中心优化建筑布局，合理利用自然采光，采用光伏发电技术，减少耗电量。冰场采用溶液除湿系统，极大地降低了能耗。

Ice Hockey

冰球

现代冰球起源于加拿大。1875年，首场冰球比赛在加拿大举行。1924年，首届冬奥会便设有冰球比赛。在 2022 年北京冬奥会上，冰球共设2个小项，将产生2枚金牌。

中国国家女子冰球队 1998年和2002年，分别获得奥运会第4名和第7名。1999年和2000年，分别获得世锦赛第5名和第6名。1999年，获得亚冬会冠军。

红方 **03** **81:20** 蓝方 **03**

比赛共3节，每节20分钟，每2节间休息15分钟。3局比赛后，得分高的一方为胜。若双方得分相同，则根据实际情况进行4人或5人上场的时间为5分钟、10分钟或20分钟的加时赛。加时赛实行"突然胜利法"，即一旦进球，则比赛结束，进球的一方为胜。若加时赛仍平局，则通过射门比赛决出胜负。

双方出场队员不超过6名（包括1名守门员），可随时换人且无次数限制。

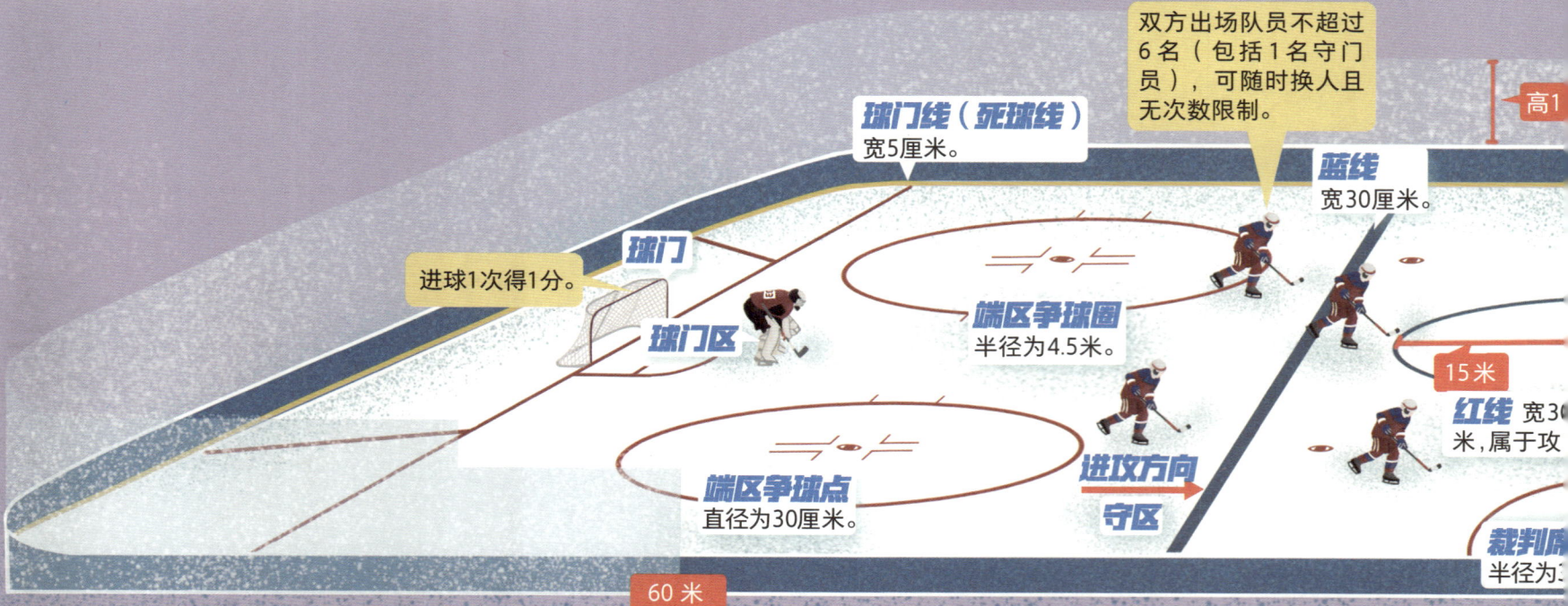

高1

球门线（死球线） 宽5厘米。

蓝线 宽30厘米。

进球1次得1分。

球门

球门区

端区争球圈 半径为4.5米。

15米

红线 宽30米，属于攻

端区争球点 直径为30厘米。

进攻方向 守区

裁判席 半径为1

60 米

数一数

场上双方各有几名运动员？

护具 守球员需穿戴特制的头盔、手套、加厚的护胸和加厚、加宽的护腿。

护具 包括头盔、护胸、护肘、手套和护腿等。女运动员、18岁及以下的运动员必须佩戴全护头盔。

冰鞋 由鞋身、刀刃、刀托和鞋带 4 部分组成。鞋身为高靿型，鞋头、鞋帮、脚踝处、脚跟处等的外层均为硬质材料。

7.6 厘米

冰球 一般由黑色橡胶制成，直径为7.6厘米，厚2.5厘米，重156~170克，被击打时的速度可以超过150千米/时。

2.5 厘米

观赏点 比赛过程中,双方速度、技术、力量、智慧与团队合作的较量,场上瞬息万变的局势,以及在球杆击打下飞速移动的冰球,都会带给观众视觉上的强大冲击,观赏性极强。

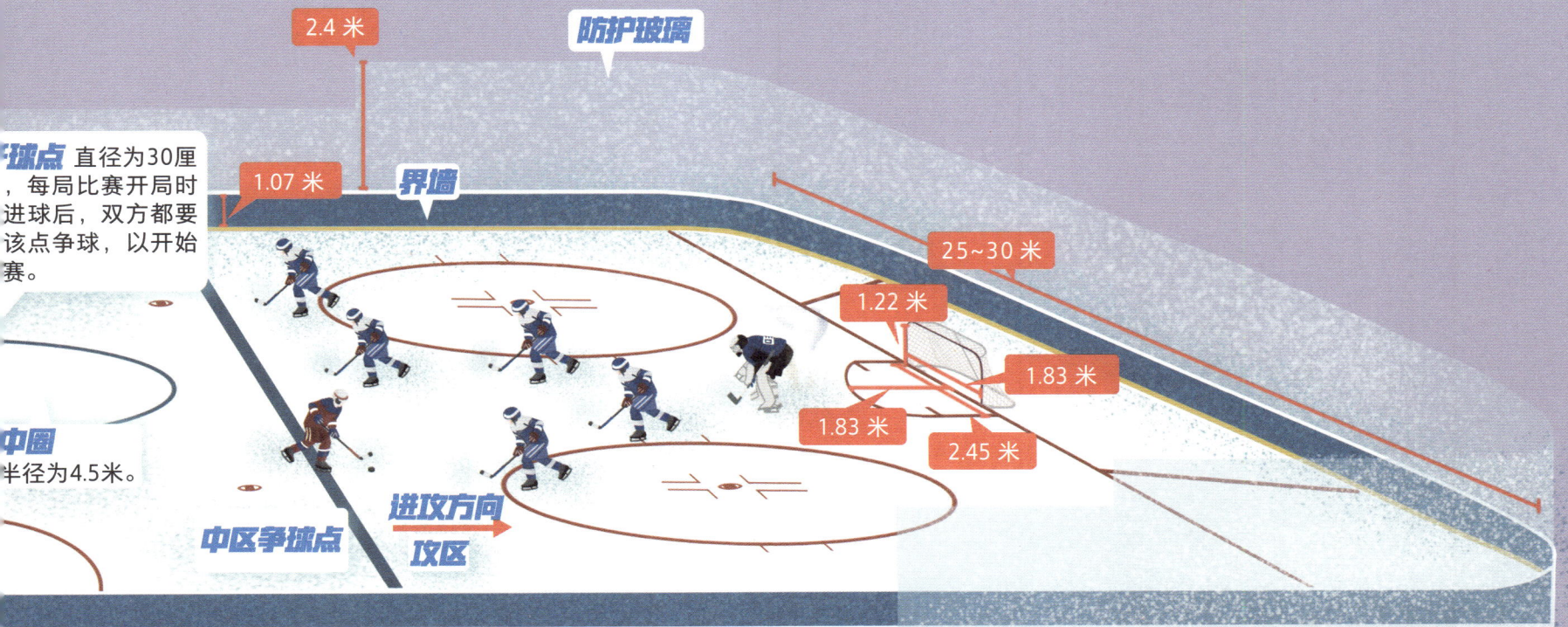

2.4 米

防护玻璃

1.07 米

界墙

25~30 米

1.22 米

1.83 米

1.83 米

2.45 米

争球点 直径为30厘米,每局比赛开局时、进球后,双方都要该点争球,以开始赛。

中圈 半径为4.5米。

中区争球点

进攻方向

攻区

冰球杆 守门员使用的冰球杆与其他运动员不同。该冰球杆由木头或其他经国际冰球联合会批准使用的材料制成。杆柄从根部到端部最长160厘米,加宽部分从根部向上不得长于71厘米;杆刃长不超过39厘米,宽5~9厘米。

不超过160厘米

不超过163厘米

冰球杆 由木头或其他经国际冰球联合会批准使用的材料制成。杆柄从根部至端部最长163厘米;杆刃长不超过32厘米,宽5~7.62厘米。

不超过71厘米

~7.62厘米

不超过32厘米

不超过39厘米

5~9厘米

死球

对于场上队数与对方相等或多于对方的一方而言,队员从守区将球直接打过对方球门线或使球通过边板反弹越过对方球门线,且在整个过程中球未触及任何其他运动员,此时死球形成。

死球形成后,比赛停止,双方在打出死球的一方的端球争球点进行争球。

例外情况 球被打入球门。

17

国家雪车雪橇中心
NATIONAL SLIDING CENTRE
2022年北京冬奥会雪车、钢架雪车、雪橇比赛场地
昵称：雪游龙

出发区1（1017米）

出发区2（1000米）

出发区3（972米）

国内首条雪车雪橇赛道

赛道是世界第17条、亚洲第3条、国内首条雪车雪橇赛道。

世界首条360度回旋弯道

赛道全长约1900米，主赛道落差约120米，由16个倾斜度和曲度各异的弯道组成。其中，第11个弯道为世界首条360度回旋弯道，此处的赛道几乎与地面垂直。

结束区（936米）

毫米级手工赛道

全长约 180 米的 360 度回旋弯道设计复杂、精度要求高，因此，混凝土喷射手们需要一气呵成地手动完成喷射，并将误差严格控制在 10 毫米以内。

"南坡变北坡"

由于地形限制，赛道设在不利于节能和保养的南坡。而特别设计的赛道遮阳屋顶近 2000 米长，既能降低能耗、保护赛道冰面免受天气影响，还能避免阳光影响运动员视线。

水循环利用

场地利用先进的水循环系统，建造蓄水池来收集融化的雪水、净化并充分利用地表径流和再生水，实现用水的自给自足和水的循环利用，成为生态环保的可持续赛区。

钢架雪车 Skeleton

钢架雪车又称"冰上俯冲机"，起源于19世纪瑞士的圣莫里茨。1884年，首个钢架雪车比赛在结冰的道路上举行。1887年，钢架雪车比赛中出现类似现代俯卧式的姿势。1928年，钢架雪车首次进入冬奥会，但因危险性过高，曾先后两次被移出冬奥会，直到2002年才被重新列为冬奥会正式比赛项目。在2022年北京冬奥会上，钢架雪车共设2个小项，将产生2枚金牌。

耿文强 2018年，获得冬奥会第13名。2020年，获得世界杯季军，代表中国首次登上钢架雪车项目的世界杯领奖台。

雪车 Bobsleigh

雪车又称"有舵雪橇"，起源于19世纪瑞士的圣莫里茨。当时，2个美国人用木板将2个雪橇固定在一起，前面的雪橇用于控制方向，这就是雪车的雏形。1924年，首届冬奥会便设立了雪车比赛项目。在2022年北京冬奥会上，雪车共设4个小项，将产生4枚金牌。

中国国家雪车队 成立于2016年。2018年，完成冬奥会首秀。2019年，获得男子四人车比赛的世青赛U23级别冠军。2020年，在世界杯男子四人车比赛中排名第7。

雪橇 Luge

雪橇又称"无舵雪橇"或"北欧冰橇"，起源于19世纪瑞士的圣莫里茨。1883年，首个国际雪橇比赛在瑞士的达沃斯举办，运动员乘坐雪橇滑行4千米，用时9分15秒。1964年，雪橇被列为冬奥会正式比赛项目。在2022年北京冬奥会上，雪橇共设4个小项，将产生4枚金牌。

刘鑫怡 2018年，获得世界杯美国帕克城站第6名，创造了中国在雪橇项目上的历史最好成绩。

手套 柔软且耐磨。其中，雪橇手套的指尖部分有钉子，利于运动员在出发时抓冰，以获得前进动力。

雪橇专用轻型橡胶鞋 质地轻，鞋底由防滑橡胶制成，利于运动员控制滑行。

比赛服 由弹性材料制成，是采用符合空气动力学的设计的紧身套装。

钢架雪车	男子单人	女子单人
雪车	男子双人 男子四人	女子单人 女子双人
雪橇	男子单人 男子双人	女子单人 团体接力

钢架雪车、雪车专用钉鞋 防滑且利于运动员在出发时与冰面充分接触，从而充分获得前进动力。

- 钢架雪车、雪车、雪橇共用一个赛道。
- 钢架雪车与雪车共用一个起点，赛道长1200~1650米，落差为100~150米。
- 雪橇使用单独的起点，男子赛道长1000~1350米，女子赛道长800~1200米，落差为100~150米。

铅块加重的骨架 **把手**
前后均装有缓冲器。
钢刃

由钢铁主体和玻璃纤维、碳纤维等高科技材料制成，采用符合空气动力学的设计。

刹车员的推杆 **中间队员的推杆**
滑行过程中，推杆被收起。
舵手的推杆
前部封闭，具有用于改变滑行方向的滑轮系统；后部半封闭。
固定钢刃
制动器 通过终点线后才能使用。
非固定钢刃 舵手通过操纵拉线环来改变其方向。

头盔 质量很轻，用于保护头部和减小阻力。其中，雪车舵手头盔和雪橇运动员头盔的面罩是透明的，利于运动员观察赛道。

请判断
钢架雪车、雪车和雪橇控制方向的方式一样吗？有何区别？

20

观赏点 钢架雪车、雪车和雪橇都是高速项目，雪车甚至被称为"冰上F1"。运动员在比赛中的速度可超过100千米/时（雪车的最快速度可达160千米/时），这对运动员的心理、身体反应能力及控制力提出极高要求。风驰电掣般的高速行驶和运动员的快速反应、精准判断和绝佳技术的展现都极具看点。

钢架雪车

头朝前、俯卧于雪车上滑行，通过脚尖点地动作或移动重心来控制方向和保持平衡。

全程无制动；中途允许运动员掉落，但通过终点时运动员必须在雪车上。

本轮用时 1 : 00.22

共进行4轮比赛，总用时短者为胜。只有在第3轮比赛后排名前20的运动员才可进入最后1轮比赛。

推车起步 一侧钢刃在冰槽沟内，运动员单手推车助跑。需在30秒内完成出发。

雪车

运动员坐于车内滑行。舵手驾驶雪车，控制转弯位置和幅度，是关键角色。

全程无制动；尽量压低头部，减小空气阻力。

推车起步 一侧钢刃在冰槽沟内，运动员双手推车助跑。需在60秒内完成出发。运动员跳入车内顺序：双人车为舵手、刹车手，四人车为舵手、中间队员、刹车手。

本轮用时 49.94

共进行4轮比赛，总用时短者为胜。只有在第3轮比赛后排名前20的运动员才可进入最后1轮比赛。

雪橇

推杆起步 运动员坐于雪橇上，手握出发把手，前后摆动，加速出发，然后双手抓冰加速。需在30秒内完成出发。

运动员仰卧于雪橇上滑行，通过控制弯弓和移动重心来控制方向和平衡。

全程无制动；中途允许运动员掉落，但通过终点时运动员必须在雪橇上；尽量压低身体，减小空气阻力。

雪橇小于运动员肩部和膝盖之间的长度。

在接力项目中，到达终点时，运动员需坐起拍击接力弹板，以开启起点的出发挡板。

卧舱
连桥
手柄
卧舱宽55.1厘米
弯弓
连接杆
卧舱厚12厘米

本轮用时 49.94

单人项目进行4轮比赛，双人项目进行2轮比赛，接力项目包含男子单人、女子单人和双人比赛，总用时短者为胜。

国家高山滑雪中心

NATIONAL ALPINE SKIING CENTRE

2022年北京冬奥会高山滑雪比赛场地

昵称：雪飞燕

超级大回转

冰状雪赛道

赛道为符合比赛要求的冰状雪赛道，即表面的雪保持结晶状态，近似于冰面。冰状雪可减小滑雪板与赛道之间的摩擦力，使赛道不易被破坏，从而保证运动员的出发顺序不会影响比赛成绩。

山林场馆护生态

专业人员在赛区及周边20平方千米范围内进行动植物资源调查，为所有需要移植的树木建立可查询的"树履历"，并将可移植的珍稀树木100%移植到冬奥森林公园内。

女子滑降

男子滑降

出发台

快捷索道系统

场地设有11条索道，索道之间设有5个换乘站，运动员可以通过乘坐索道来用最短的时间到达比赛雪道和训练雪道的出发点。

大回转

回转

高落差，长坡面

场地设有7条雪道，包括3条比赛雪道和4条训练雪道，全长约9200米。主雪道坡面总长3043米，起点位于小海陀最高点（海拔2198米的地方）附近，整体落差908米，创国内之最，是公认的世界上难度最大的场地之一。

造雪蓄水系统

造雪用水通过7500米长的地下综合管廊流入海拔1050米的塘坝和海拔1290米的蓄水池进行储存。加压泵站将造雪用水注入各雪道的造雪系统。完善的融雪水、雨水回收再利用系统可实现水的重复利用。

Alpine Skiing

高山滑雪

高山滑雪起源于欧洲，又称"阿尔卑斯滑雪"，在越野滑雪的基础上发展而来。1868年，桑德雷·诺尔海姆在国际滑雪比赛中展示了侧滑和S形快速滑降技术。1907年，首个高山滑雪运动组织"阿尔卑斯山滑雪俱乐部"在英国成立。1922年，阿诺尔德·伦恩在瑞士米伦组织了首个回转比赛。高山滑雪世锦赛自1931年起开始举办。1936年，高山滑雪被列为冬奥会正式比赛项目。在2022年北京冬奥会上，高山滑雪共设11小项，将产生11枚金牌。

观赏点 高山滑雪是一项将速度与技巧结合在一起的滑雪运动，运动员需要在覆盖积雪的山体上，沿着由旗门设定的赛道，从山上快速滑下。回转和大回转比赛对速度和技术均有较高的要求，滑降和超级大回转比赛则侧重于速度的比拼。运动员高速下滑时需要左右盘旋回转，灵活施展滑雪技巧，动作优美又极具冲击力，看点十足。

孔凡影 2017年，获得亚冬会女子回转比赛的第7名及全国锦标赛女子回转、大回转和全能比赛的冠军。在2018年的冬奥会上，代表中国出战。

开口门 两个旗门平行而立。

回转项目的旗门只由旗杆组成，其他项目的旗门由旗杆和旗组成。

头盔 一般由硬质材质制成，可以保护头部。参加回转比赛的运动员使用的头盔下方还有护颌，用于保护下颌。

滑雪镜 保护眼睛免受由光线、紫外线和冷风引起的伤害。镜片具有较好的防雾性能。

滑雪板 材质复杂、工艺考究，由前、中、后3个部分组成。中部被称为"重量台"，用于安装固定器。两侧有硬钢边，整体设计成弧形，以方便转弯。固定器由金属制成，用于连接滑雪板和滑雪鞋，且在滑雪板受到不合理外力时会自动脱离。

滑雪服 防风、防水且具有较好的保暖性、透气性。

手套 耐磨、柔软、防水。可调节松紧，不妨碍手部活动。

滑雪杖 由耐用的轻质材料制成，上粗下细。回转项目一般使用直杖，方便撞击旗门；滑降项目一般使用弯杖，以减小阻力。底部有雪轮，以防滑雪杖被过深地插入雪地。上方有握柄带，以防滑雪杖从手中滑落。

滑雪鞋 对脚踝起固定和保暖作用。由内外两层组成，外层坚硬且可根据脚形进行调整，内层由柔软透气的材料制成，起保暖、裹紧、缓冲等作用。

护手、护臂和护腿板 通常，运动员在回转比赛中使用护手和护腿板，在大回转比赛中使用护臂，以保护可能撞击旗门的身体部位。

高山滑雪不同小项的赛道不同，差异集中在 **落差**、**旗门数量**、**旗门间距** 等方面。

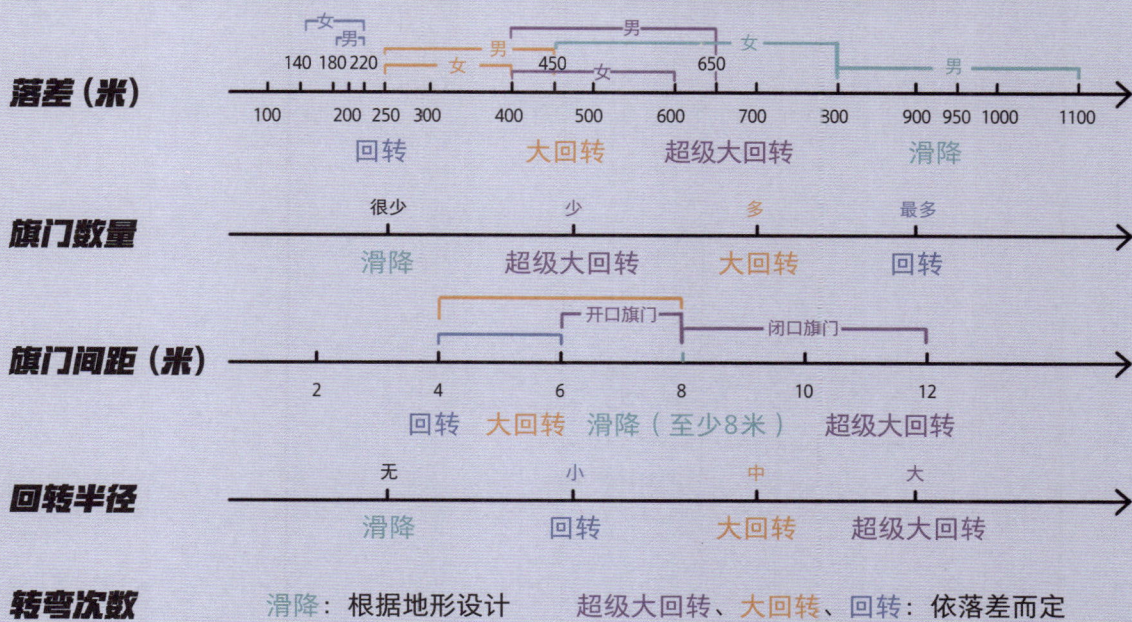

落差（米）
女 男
男　　　　男　　　女
140 180 220　　女　450　　女　650　　　　　　　　男
100　200 250 300　400　500　600　700　300　900 950 1000 1100
回转　　　大回转　　超级大回转　　　滑降

旗门数量
很少　　　少　　　多　　　最多
滑降　　超级大回转　　大回转　　回转

旗门间距（米）
开口旗门　　　闭口旗门
2　　4　　6　　8　　10　　12
回转　大回转　滑降（至少8米）　超级大回转

回转半径
无　　　小　　　中　　　大
滑降　　回转　　大回转　　超级大回转

转弯次数　　滑降：根据地形设计　　超级大回转、大回转、回转：依落差而定

旗门 用于标记比赛路线的旗子，运动员必须穿越并触碰旗门，漏过一个旗门则为犯规，将不计成绩。

闭口门 两个旗门垂直而立。

雪上部分至少长1.8米

雪下部分具有利于固定的刷毛。

弹性装置使旗杆被撞击后自动回弹。

滑降	1轮比赛，用时少者为胜。
回转	2轮比赛，总用时少者为胜。
大回转	2轮比赛，总用时少者为胜。
超级大回转	1轮比赛，用时少者为胜。
全能	先进行滑降比赛，再进行回转比赛，总用时少者为胜。
混合团体	每队2名男运动员和2名女运动员，进行4轮比赛。在每轮比赛中，两队比拼，获胜方（用时少者）得1分，平局各得1分。总积分多者为胜。

云顶滑雪公园

GENTING SNOW PARK

2022年北京冬奥会自由式滑雪和单板滑雪比赛场地

精细化气象要素预报

场地对降雪、降温、低能见度、地面大风等特殊天气进行数值模拟，建立赛区精细化气象要素临近预报系统，为冬训和赛事服务提供有力的科技支撑。

6条奥运标准赛道

场地设有以严苛标准打造的6条符合奥运标准的赛道；全力做好造雪、防风等方面的设计，为运动员在赛场上的高水平表现保驾护航。

设计上的中国元素

场地在设计上融入更多中国元素，如坡面障碍技巧跳台的外观装饰参考长城上的烽火台。

首钢滑雪大跳台
BIG AIR SHOUGANG
2022年北京冬奥会自由式滑雪和单板滑雪比赛场地

"飞天"与水晶鞋

它以敦煌"飞天"壁画为设计灵感,远观如同在空中飞舞的飘带;夜间灯光亮起时,又宛若灵动美丽的水晶鞋。

世界首座永久跳台

它由赛道、裁判塔和看台区 3 部分组成,是世界首座永久保留和使用的单板滑雪大跳台。

冬奥会与工业遗产的结合

它坐落于首钢老工业园区,是冬奥会历史上首个与工业遗产再利用相结合的比赛场地。

可变的赛道剖面

钢结构设计预留赛道剖面变化的可能性,未来这里可举办空中滑草、滑水等项目的比赛。

Freestyle Skiing

自由式滑雪

自由式滑雪始于20世纪60年代，源自高山滑雪。1971年，首个正式的自由式滑雪比赛在美国新罕布什尔州沃尔谷举行。1979年，国际滑雪联合会正式承认该项目。1992年，自由式滑雪（雪上技巧）被列为冬奥会正式比赛项目。在2022年北京冬奥会上，自由式滑雪共设13个小项，将产生13枚金牌。

韩晓鹏 2006年，获得男子空中技巧比赛的冬奥会冠军，为中国赢得首枚雪上项目冬奥会金牌。2007年，获得男子空中技巧比赛的世锦赛意大利站冠军。

李妮娜 曾3次获得女子空中技巧比赛的世锦赛冠军，2次获得女子空中技巧比赛的奥运会亚军，并多次获得女子空中技巧比赛的世界杯冠军，被誉为"雪上公主"。

谷爱凌 2020年，获得女子U型场地技巧和大跳台比赛的冬青奥会冠军、女子U型场地技巧和坡面障碍技巧比赛的世界杯冠军。2021年，获得女子U型场地技巧比赛和坡面障碍技巧比赛的世锦赛冠军。

U型场地技巧 运动员在U型雪槽滑降并借助滑坡起跳，在空中做出各种高难度技术动作。

- 3~7名裁判根据动作的技术难度、腾空高度、完成质量、创新性和复杂度等进行评分，满分100分。若由6~7名裁判评分，则去掉1个最高分和1个最低分后的评分均值为单轮得分；若由3~5名裁判评分，则评分均值为单轮得分。
- 预赛2轮，决赛3轮，均取最好成绩。

U型场地技巧		第一轮	50.80	第二轮	77.20				
裁判1	85	裁判2	81	裁判3	82	裁判4	83	裁判5	80
								第三轮	82.20

长不小于160米，推荐长度为170米

深6.7米

宽不小于19米，推荐宽度为19~22米

运动员在空中完成翻转、抓板等动作。

坡度不小于17度，推荐坡度为18度

空中技巧 运动员助滑后从弧形跳台上起跳，在空中完成空翻、旋转等高难度动作后落地。

请判断
参与U型场地技巧比赛的运动员在进行哪个阶段的比赛？

与高山滑雪的装备相比，自由式滑雪只有滑雪板有些不同。

出发区

助滑坡 长70米，宽14米，坡度为25度。

过渡区

运动员不使用滑雪杖。

滑雪板 空中技巧滑雪板整体较短、较硬且较轻。雪上技巧滑雪板弧度较小且整体较轻。障碍追逐滑雪板与高山滑雪滑雪板相同。U型场地技巧、坡面障碍技巧和大跳台滑雪板的前后形状相同。

平台区 长21米，宽14米，无坡度。

3周台 **2周台** **1周台**

3个跳台的高度和难度不同，分别用于翻转1周、2周和3周。

着陆坡 长25~30米，宽18米，坡度为38度。

终点区 长25米，宽22米，无坡度。

动作代码
首字母 f 为向前；b 为向后。
后续字母 L（Lay）为直体翻腾一周；P（Pike）为屈体翻腾一周；T（Tuck）为团身翻腾一周；F（Full）为直体翻腾一周转体一周，dF 为直体翻腾一周转体两周，tF 为直体翻腾一周转体三周。
★ 例：bLdFF 为 3 周台动作，表示向后直体翻腾一周接直体翻腾一周转体两周接直体翻腾一周转体一周。

滑雪杖 在所有使用滑雪杖的比赛中，运动员均使用直杖。

空中技巧					
腾空得分	6.0	动作得分	12.6	落地得分	8.4
			难度系数	4.425	
			个人赛成绩	119.47	

个人赛
- 得分 =（腾空得分 + 动作得分 + 落地得分）× 难度系数。
- 腾空得分 / 动作得分 / 落地得分 = 5 名裁判评分之和 −1 个最高分 −1 个最低分。
- 腾空、动作和落地得分的占比分别为 20%、50% 和 30%，满分分别为 6 分、15 分和 9 分。

混合团体赛
3 名运动员参赛，得分之和为最终成绩。

观赏点 自由式滑雪又被称为"空中舞蹈"，力量与美感并存的空中动作是重要看点。此外，每个小项都有独特的看点。空中技巧和大跳台比赛中，观众可欣赏到运动员极具难度而又优美稳定的起跳、空中和落地动作。雪上技巧比赛同时考验运动员在雪包上的滑行、从跳台的起跳和整体的速度。障碍追逐比赛是速度的比拼，多人出发，赛道复杂，赛况激烈。U型场地技巧、坡面障碍技巧比赛的场地特殊，运动员可以全面地展现其技术。

得分 = 用时得分 + 空中得分 + 回转得分。
- 用时、空中和回转得分占比分别为20%、20%和60%。
- 用时得分 =48-32×（以秒为单位的用时 / 规定配速）。
男子规定配速：10.30 米 / 秒。
女子规定配速：8.80 米 / 秒。
- 空中得分 =2名裁判评分之和，满分为20分。
- 回转得分 =3名裁判评分之和，满分为60分。

雪上技巧 运动员在陡峭且设有密集雪包的赛道上滑降，并在2个跳跃点完成2次跳跃动作，又称"猫跳"。

雪上技巧 用时得分	空中得分	回转得分	得分
14.61	11.32	46.4	72.33

障碍追逐 多名运动员在设有各种地形障碍且曲折的赛道上滑降，滑降期间需要越过障碍并完成一系列跳跃动作。

用时少者为胜。

最终用时 第一名	第二名	第三名	第四名
	+0.21	+1.24	+1.58

赛道 包含回转、跳台、波浪和其他形式的地貌。

长800~1300米，垂直落差为70~260米，坡度为5~12度。

跳跃点

设有密集雪包

坡度为24~32度

长200~270米

宽15~25米

运动员紧跟对手则可有效利用气流。

旗门 运动员滑行时必须穿越旗门。2种颜色的旗门间隔而立。

边线 越过即出界。

- 3~7 名裁判根据动作的技术难度、腾空高度、完成质量、创新性和复杂度等进行评分，满分 100 分。若由 6~7 名裁判评分，则去掉 1 个最高分和 1 个最低分后的评分均值为单轮得分；若由 3~5 名裁判评分，则评分均值为单轮得分。
- 预赛2轮，成绩之和为最终成绩。
- 决赛3轮，2个不同动作的最好成绩之和为最终成绩。

坡面障碍技巧 运动员在设有跳台、轨道、平台等各种障碍的赛道中滑降并完成多个技术动作。

- 3~7 名裁判根据动作的技术难度、腾空高度、完成质量、创新性和复杂度等进行评分，满分 100 分。若由 6~7 名裁判评分，则去掉 1 个最高分和 1 个最低分后的评分均值为单轮得分；若由 3~5 名裁判评分，则评分均值为单轮得分。
- 预赛2轮，决赛3轮，均取最好成绩。

坡面障碍技巧	第一轮	22.80	第二轮	25.60	第三轮	
裁判1	90	裁判2		裁判3	89	
裁判4	90	裁判5	91	第三轮	90.00	

助滑坡 长不小于35米，宽不小于5米，坡度不小于20度。

出发区 长不小于5米

过渡区 长5~10米。

起跳台 宽不小于5米，高不小于2米，起跳角度不小于25度。

大跳台 第1跳动作A	第2跳动作B	第3跳动作B
87.00	85.50	84.50

大跳台 运动员从高处滑降并通过起跳台起跳，在空中完成展示动作后落地。

运动员在空中完成翻转、抓板等动作。

着陆坡 距离起跳台不少于15米，长不小于20米，宽不小于20米，坡度不小于28度。

终点区 长30米，宽30米。

道具区 障碍不少于 6 个。

运动员完赛时间不少于20秒。

垂直落差不小于150米，坡度不小于10度，宽30米

跳台区 跳台不少于3个。

运动员自己设计路线和动作。

比赛在不小于2条或多条可供运动员选择的充满各种各样跳台、轨道、平台等障碍的赛道上进行。

男子、女子比赛	空中技巧、雪上技巧、障碍追逐、U 型场地技巧、坡面障碍技巧、大跳台。
混合团体比赛	空中技巧。

Snowboard

单板滑雪

单板滑雪起源于20世纪60年代的美国，其最初的产生与"冲浪运动"有关，因此也被称为"冬季冲浪运动"。1998年，单板滑雪被列为冬奥会正式比赛项目。在2022年北京冬奥会上，单板滑雪共设11个小项，将产生11枚金牌。

刘佳宇 曾获女子U型场地比赛的世界杯冠军、世锦赛冠军和冬奥会亚军。

障碍追逐 多名运动员在设有各种地形障碍且曲折的赛道上滑降，滑降期间需要越过障碍并完成一系列跳跃动作。

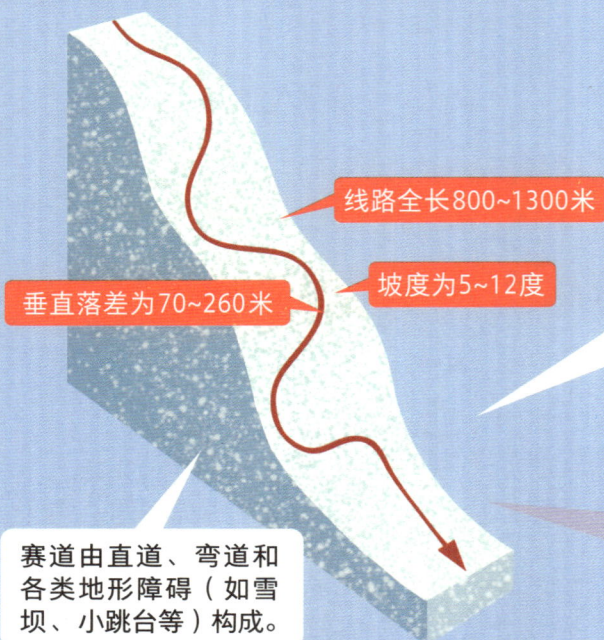

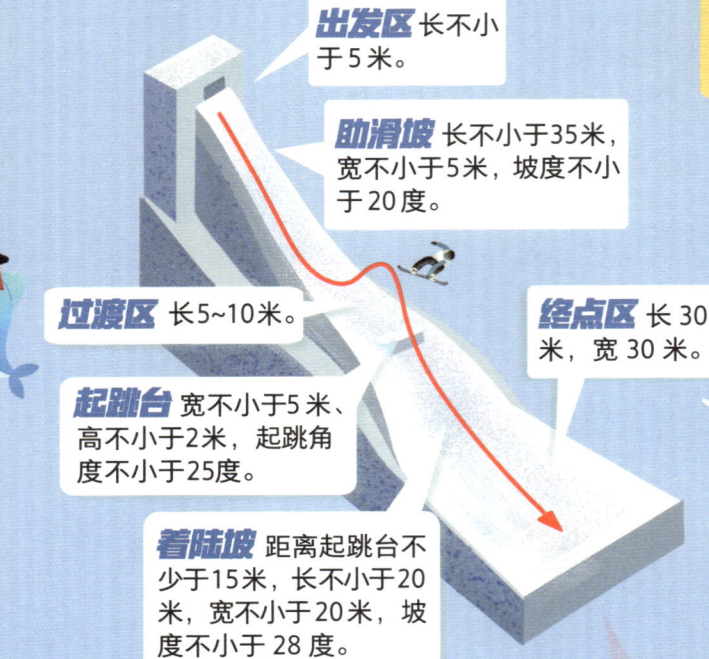

出发区 长不小于5米。

助滑坡 长不小于35米，宽不小于5米，坡度不小于20度。

过渡区 长5~10米。

起跳台 宽不小于5米、高不小于2米，起跳角度不小于25度。

着陆坡 距离起跳台不少于15米，长不小于20米，宽不小于20米，坡度不小于28度。

大跳台 运动员从高处滑降并通过起跳台起跳，并在空中完成展示动作后落地。

终点区 长30米，宽30米。

算一算

在大跳台决赛中，运动员的3次得分分别为84.75分、89.50分和82.75分，其中前2个得分为相同动作的得分，那么其最终得分是多少？

评分赛制 3~7名裁判根据动作的技术难度、腾空高度、完成质量、创新性和复杂度等进行评分，满分100分。若由6~7名裁判评分，则去掉1个最高分和1个最低分后的评分均值为单轮得分；若由3~5名裁判评分，则评分均值为单轮得分。

- 预赛2轮，成绩之和为最终成绩。
- 决赛3轮，2个不同动作的最好成绩之和为最终成绩。

线路全长800~1300米

坡度为5~12度

垂直落差为70~260米

波浪　　雪坝　　小跳台

赛道由直道、弯道和各类地形障碍（如雪坝、小跳台等）构成。

计时赛制 个人赛中，用时少者获胜。混合团体赛中，每队包括1名男运动员和1名女运动员，先后出发，累计用时少者获胜。

平行大回转 两名运动员在平行设置的两个赛道同时出发，并利用滑雪板向下滑降。下滑过程中需要绕过一定数量的旗门。

每条赛道设有18~25个旗门。

红、蓝两条赛道的长度、坡度和旗门位置保持一致。

坡道宽度至少为40米

垂直落差为120~200米

线路全长400~700米

计时赛制 2名运动员同时出发，比赛2轮，2轮时间之和用时少者获胜。

男子、女子比赛	平行大回转，障碍追逐，U型场地技巧，坡面障碍技巧，大跳台。
混合团体比赛	障碍追逐。

U型场地技巧 运动员在U型雪槽内滑降并借助滑坡起跳，并在空中做出各种高难度技术动作。

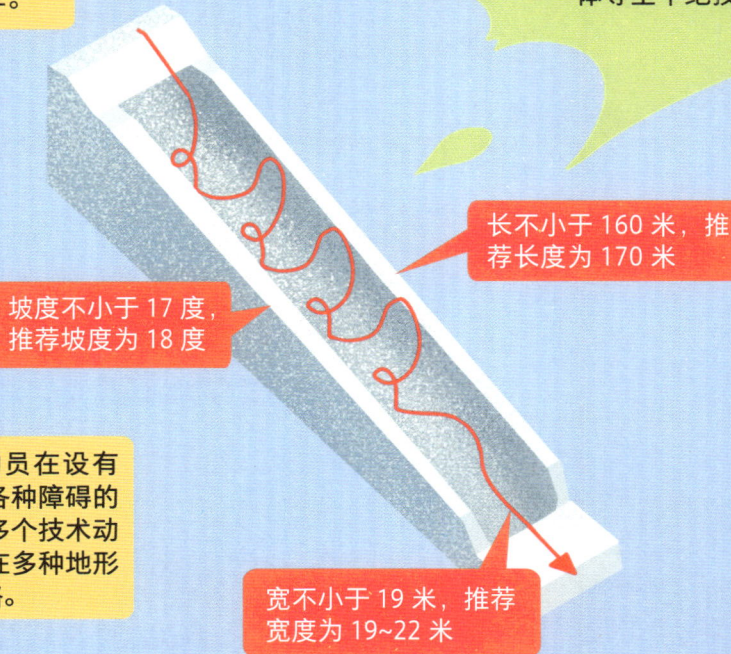

长不小于 160 米，推荐长度为 170 米

坡度不小于 17 度，推荐坡度为 18 度

U型雪槽

深6.7米

坡面障碍技巧 运动员在设有跳台、轨道、平台等各种障碍的赛道中滑降，并完成多个技术动作。比赛时运动员可在多种地形中选择适合自己的线路。

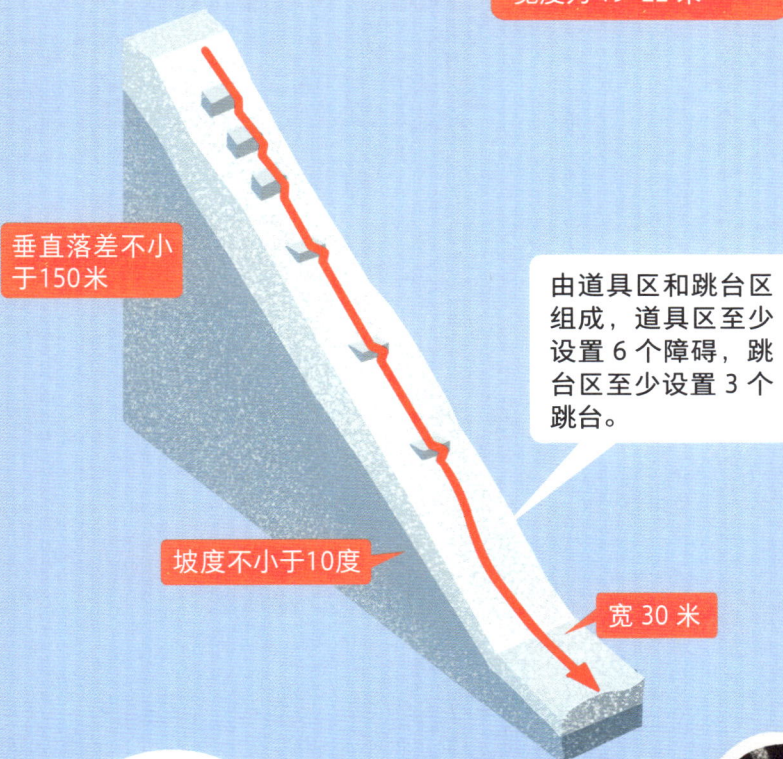

宽不小于 19 米，推荐宽度为 19~22 米

评分赛制 3~7 名裁判根据动作的技术难度、腾空高度、完成质量、创新性和复杂度等进行评分，满分 100 分。若由 6~7 名裁判评分，则去掉 1 个最高分和 1 个最低分后的评分均值为单轮得分；若由 3~5 名裁判评分，则评分均值为单轮得分。预赛2轮，决赛3轮，均取最好成绩。

垂直落差不小于150 米

由道具区和跳台区组成，道具区至少设置 6 个障碍，跳台区至少设置 3 个跳台。

坡度不小于10度

宽 30 米

评分赛制 一些比赛采用分段评分赛制：至少有 9 名裁判，分为技巧裁判组和整体印象裁判组，分别进行技巧评分（占比 60%）和整体印象评分（占比 40%），满分为 100 分。

与高山滑雪的装备相比，单板滑雪只有滑雪板、滑雪鞋和固定器有些不同。

单板滑雪板一般有3种。

自由滑雪板 板身较短，质量较轻，易于控制，常用于大跳台、U型场地技巧和坡面障碍技巧比赛。

全能滑雪板 前后均向上翘起，可向前向后滑行，帮助运动员应对各种地形，适用范围广泛，多用于障碍追逐比赛。

固定器 将滑雪鞋与滑雪板固定在一起，软鞋、硬鞋的固定器有所不同。

竞速滑雪板 板身较长，板尖略向上翘起，板体尤其板腰较窄，结构较硬，一般用于平行大回转比赛。

滑雪鞋 分为适合技巧类的软鞋和竞速类专用硬鞋。

国家跳台滑雪中心
NATIONAL SKI JUMPING CENTRE
2022年北京冬奥会跳台滑雪、北欧两项（跳台滑雪部分）比赛场地

昵称：雪如意

"雪如意"
从侧面看，它与中国传统饰物"如意"的外形契合，因此被称为"雪如意"。

独特观赛区域
观赛区域包括顶端的顶峰俱乐部和山下看台区，前者为观众带去独特的观赛视角，后者规模很大，在世界范围内首屈一指。

建设工程量大、难度高
它的最高点与地面的落差有160多米，是张家口赛区建设工程量最大、技术难度最高的冬奥会比赛场地。

全球首个
它是全球首个全钢筋混凝土框架结构的滑雪中心，在山谷之间使用136根桩柱架起混凝土滑道。

格宾再造技术 筛选切削后的碎石和土壤，将其合理组合并填充到格宾网箱中，形成支护体系，再种植适应当地气候的植物，以实现生态恢复的目标。

生态再造格宾支护体系
该场地首次将格宾再造技术用于山体支护和生态恢复，创建局部山体切面的生态再造格宾支护体系。

多功能永久场馆
山下看台区的中间是一个标准体育场，可举办多种高水平体育赛事。

Ski Jumping

跳台滑雪

跳台滑雪起源于19世纪的挪威：1860年，有运动员在挪威的首个全国滑雪比赛上表演了飞跃动作，这种形式的运动后来逐渐发展为雪上竞技项目。1866年，首个世界跳台滑雪比赛在挪威举行。1924年，首届冬奥会便设有跳台滑雪比赛。在2022年北京冬奥会上，跳台滑雪共设5个小项，将产生5枚金牌。

常馨月 中国首位获得冬奥会参赛资格的跳台滑雪女运动员。

头盔 流线型，有保温层且具有弹性。

滑雪镜 保护眼睛免受由光线、紫外线和冷风造成的伤害。

当BMI不小于21时，比值为145%，即雪板长度为身高的145%。以此为基准，BMI每减少0.125，比值降低0.5%。
- BMI=体重（千克）/身高^2（米^2）
- 体重包含滑雪服、滑雪鞋、手套头盔和滑雪镜等的质量。

算一算
图示比赛的K点距离是多少？

手套 耐磨、柔软、防水。

滑雪板 长度与身高成比例，比值由身体质量指数（BMI）决定；宽不超过11.5厘米。边缘十分锋利，能有效防止侧滑。

滑雪服 厚4~6毫米，可有效减小风阻，内衬为防摔泡沫物。

固定器 由金属制成，用于连接滑雪板和滑雪鞋，并在滑雪板受到不合理外力时自动脱离。

滑雪鞋 鞋为高靿型且前倾，可以保护脚踝且不妨碍运动员起跳和飞行时的前倾姿势。

得分=距离分+姿势分+出发门补偿分+风力补偿分

距离分：
标准台距离分=60分+2分/米×（飞行距离−K点距离）
大跳台距离分=60分+1.8分/米×（飞行距离−K点距离）

姿势分：
5名裁判进行评分。满分20分，裁判根据运动员的时间精确性、动作完成度、飞行姿势、落地稳定性和跳跃总体印象，以0.5分为单位进行扣分。
姿势分=5名裁判评分之和−1个最高分−1个最低分

大跳台比赛

裁判1	裁判2	裁判3	裁判4	裁判5	出发门补偿分	风力补偿分	距离
18.5	18.5	19.0	20.0	18.5	+7.6	−1.8	132.5米
						本轮得分	135.3分

大跳台

标准台

出发门

助滑道

起跳区

空中飞行 V形姿势有助于减小风阻，获得更多升力。

飞行中，运动员靠摆动手臂来控制平衡。

风速会影响飞行距离，因此比赛前可能会根据天气调整出发门的位置。

着陆姿势 雪板平行，双脚屈膝，双腿一前一后。这种姿势也被称为特里马屈膝姿势。

在2022年北京冬奥会中，台端到K点的距离：标准台为75~99米，大跳台为不小于100米。

着陆坡

P点 着陆起点。

K点 飞行距离参照点。

终点区

L点 着陆极限点。超过该点坡度过缓，着陆比较危险。该点到起跳点的距离为坡体长度（HS）。

观赏点 跳台滑雪被称为"勇敢者的游戏"，需要运动员从高处急速滑下，然后起跳，在空中以优美的身姿滑翔3~6秒，并沿抛物线自由落地，是一项极具挑战和惊险性的运动，观赏性极强。

个人赛	男子标准台、女子标准台、男子大跳台。
团体赛	男子团体、混合团体。

国家越野滑雪中心

NATIONAI CROSS-COUNTRY CENTRE

2022年北京冬奥会越野滑雪、北欧两项
（越野滑雪部分）比赛场地

护林保古迹

场地虽依山势而建且距离明长城遗址非常近，但赛道布设巧妙，避免了林木伐移，同时通过设置施工红线及旗帜标语的形式实现了古迹保护。

"海绵赛区"

张家口赛区是冬奥会历史上的首个"海绵赛区"，而该场地是典型代表之一，采用先进的造雪系统和水处理系统，可提高造雪率，灵活补充赛道用雪，并实现雨水、融雪水的收集与利用，有效减少用水浪费。

专家现场踏勘施工

为了满足对坡度和曲线精度的高要求，赛道施工时，先由国际雪联专家现场踏勘，再进行测量绘图和施工，其间还有多次专家现场踏勘和修改。

8条越野滑雪赛道

8 条赛道分别长 1.5 千米、1.8 千米、2.5 千米、3.3 千米、3.75 千米、5 千米、7.5 千米和 8.3 千米，适用于不同距离和类型的比赛。

定制GRC板

技术楼外墙装饰采用韧性强、强度高的 20 毫米厚玻璃纤维增强混凝土，俗称 GRC 板。每块板材独立定制，现场直接安装，可有效避免建材损耗和环境污染。

中空玻璃幕墙

技术楼采用中空玻璃幕墙，既方便技术官员观察比赛情况，又能维持室内温度，节能环保。

Cross-Country

越野滑雪

越野滑雪是有"雪上田径"之称的传统滑雪项目。在欧洲，越野滑雪起源于13世纪的北欧。到18世纪，该项目从交通方式演变为娱乐活动，后逐渐发展为成熟的竞技运动。1924年，首届冬奥会便设有越野滑雪比赛。在2022年北京冬奥会上，越野滑雪共设12个小项，将产生12枚金牌。

王强 2016年，获得男子15千米自由式比赛的全国冬运会冠军。2017年，获得男子15千米比赛的亚冬会第7名。

自由技术 对使用的技术不做限制。常见的滑行方式：双脚滑雪板呈V字形，双脚交替向后蹬，以类似滑冰的动作向前推进。

一些运动员在终点处会通过摔倒撞线。

帽子或头巾 一些运动员会佩戴帽子或头巾，用来防风、保暖。

请判断

运动员在参加越野滑雪的哪些比赛时需要使用两种滑行技术？

滑雪镜 保护眼睛免受由光线、紫外线和冷风造成的伤害。

手套 耐磨、柔软、防水、可调节松紧，不妨碍手部活动。

滑雪服 防风、防水、保暖。

滑雪杖 越野滑雪比赛一般使用较长的直杖。

滑雪板 自由式滑雪板相对较短，板尖较小，底部光滑，全部打滑蜡；传统式滑雪板有弓形弧线，底部的中间蹬动部分打防滑蜡，其余滑行部分打滑蜡。

滑雪鞋 适用于自由技术的滑雪鞋鞋靿较高，具有更好的支撑性；适用于传统技术的滑雪鞋鞋靿略低，使脚踝具有较好的灵活性。

个人赛
男子：15千米；女子：10千米。
间隔15~30秒出发，以传统技术滑行。

双追逐赛
男子：30千米；女子：15千米。
同时出发，前半段以传统技术滑行，后半段以自由技术滑行。

个人短距离
男子：1~1.8千米；女子：0.8~1.6千米。
间隔15秒出发，以自由技术滑行。

团体短距离 每队2名运动员。
男子：1~1.8千米；女子：0.8~1.6千米。
2名运动员交替以传统技术滑行。

集体出发
男子：50千米；女子：30千米。
同时出发，以自由技术滑行。

接力赛 每队4名运动员。
男子：40千米，每人10千米；女子：20千米，每人5千米。
每队前2名运动员以传统技术滑行，后2名选手以自由技术滑行。

…地由开始区、赛道、更换…、接力区和结束区组成。

观赏点 越野滑雪比赛时间较长，且赛道包含上坡、下坡等不同路段，非常考验运动员的技术、体能和意志。多名运动员进行比拼，你追我赶，抢占有利位置，竞争激烈，精彩十足。不同的小项要求以不同的滑行技术完成，比赛距离和出发时间不一，具有不同的看点。此外，赛道两旁的美丽风景也是一大观赏点。

…越野滑雪属于竞速项…目，用时短者获胜。

场地赛道包括上坡、波动式平地和有变化的下坡3部分，每段约占总长度的1/3。

传统技术 在压制的专用雪槽里滑行，双脚滑雪板基本处于平行状态，不允许使用双脚或单脚的蹬冰动作。常见的滑行方式有2种：双脚交替滑行，以类似跨步的动作向前推进；双杖推撑滑行，用滑雪杖撑地，双脚同时滑行，以类似划船的动作向前推进。在急转弯或上坡时，允许双脚滑雪板有较小幅度的不平行。

观赏点 北欧两项由惊险刺激的跳台滑雪和挑战体能极限的越野滑雪组成，是一项同时考验胆量、力量、耐力等多项素质的运动，集合了跳台滑雪和越野滑雪的所有看点，观赏性极强。

Nordic Combined

北欧两项

　　北欧两项由跳台滑雪和越野滑雪组成，也叫北欧全能，是截至目前冬奥会上唯一未设置女子比赛的项目。该运动起源于北欧，1883 年进入霍尔门科伦滑雪大奖赛。20 世纪初，该运动逐渐被推广至全世界。1924 年，首届冬奥会便设有北欧两项比赛。在 2022 年北京冬奥会上，北欧两项共设 3 个小项，将产生 3 枚金牌。

男子个人赛

个人跳台滑雪标准台+越野滑雪10千米（自由式）
个人跳台滑雪大跳台+越野滑雪10千米（自由式）
• 先进行跳台滑雪比赛，再进行越野滑雪比赛，先到终点者获胜。
• 跳台滑雪比赛成绩决定越野滑雪比赛的出发顺序和时间（具体为：每落后1分，推迟4秒出发）。

男子团体赛

团体跳台滑雪大跳台+越野滑雪4×5千米接力（自由式）
• 先进行跳台滑雪比赛，再进行越野滑雪比赛，第4名队员先到终点的团队获胜。
• 跳台滑雪比赛成绩决定越野滑雪比赛的出发顺序和时间（具体为：每落后1分，推迟1.33秒出发）。
• 4名运动员依出场顺序分别佩戴红、绿、黄、蓝号码布。

国家冬季两项中心
NATIONAL BIATHLON CENTRE
2022年北京冬奥会冬季两项比赛场地

专家现场踏勘施工

为了满足对坡度和曲线精度的高要求，赛道施工时，先由国际滑雪联合会专家现场踏勘，再进行测量绘图和施工，其间还会多次进行专家现场踏勘和修改。

绝佳的观赛效果

在进行赛道选址时充分考虑观赛需求，观众在西侧看台可以轻松地看到运动员在赛道驰骋的身影，还能欣赏到远山上蜿蜒的长城遗址，观赛效果极佳。

冬季两项

Biathlon

冬季两项由越野滑雪和射击组成，源自古时的滑雪狩猎。随着装备的进化，滑雪射击出现并成为寒冷地区军队的训练内容。1767 年，最早的滑雪射击比赛在挪威举行。1924 年，滑雪射击成为冬奥会的表演项目，冬季两项就此诞生。1960年，冬季两项成为冬奥会正式比赛项目。在 2022 年北京冬奥会上，冬季两项共设 11 个小项，将产生 11 枚金牌。

孟繁棋 2016年，获得混合接力比赛的冬青奥会冠军。2019年，获得女子12.5千米个人赛的世青赛冠军。

与越野滑雪的装备相比，冬季两项只是多了步枪和子弹。

步枪和子弹 使用枪管口径为 5.6 毫米的小口径专用步枪和亚声速弹药，因此运动员不需要佩戴耳塞。

算一算

在接力赛中，2 名运动员脱靶1次，1 名运动员脱靶3次，那么该队共需要加滑多远的距离？

个人赛

男子：20 千米（4 千米 / 圈 × 5 圈）；女子：15千米（3千米/圈 × 5圈）。
射击4次，依次为卧射、立射、卧射、立射。
间隔30秒出发。

短距离赛

男子：10千米；女子：7.5千米。
射击2次，依次为卧射、立射。
间隔30秒出发。

追逐赛

男子：12.5千米（2.5千米/圈 × 5圈）；女子：10千米（2千米/圈 × 5圈）。
射击4次，依次为卧射、卧射、立射、立射。
按照在短距离赛中与第 1 名的时间差依次出发。

集体出发

男子：15 千米（3 千米 / 圈 × 5 圈）；女子：12.5 千米（2.5 千米 / 圈 × 5 圈）。
射击4次，依次为卧射、卧射、立射、立射。
同时出发。

接力赛

每队4名运动员，每名运动员射击 2 次，依次为卧射、立射。

混合接力赛

每队2名男运动员，2名女运动员，每名运动员射击4次，依次为卧射、卧射、立射、立射。

男子：每人 7.5 千米（2.5 千米 / 圈 × 3 圈）；女子：每人 6 千米（2 千米/圈 × 3 圈）同时出发。

观赏点 越野滑雪是角逐激烈的"动态"运动项目，而射击则是需要运动员在相对"静止"的条件下进行精准操作的运动项目，冬季两项将二者相结合，需要运动员在"动与静"之间快速切换，这是对速度与激情、精准与稳定心态的完美考验，让比赛过程跌宕起伏，悬念十足，也是该运动的魅力所在。

场地由起/终点、赛道、射击场、处罚圈和接力区组成。

在冬季两项比赛中，总用时（包括罚时和完成罚圈用时）短者获胜。

比赛对滑雪技术无要求，运动员一般以自由技术进行越野滑雪。

• 卧射靶环直径为4.5厘米
• 立射靶环直径为11.5厘米

靶子距离射击点50米

10　9　8　7　6　5　4　3

射击场一般位于起/终点位置。

在接力赛中，每人每次8发子弹（包括3发备用子弹）；在其他比赛中，每人每次5发子弹。

罚圈一般在射击场旁边，长为150米。

旗标 指示风向。

立射 以站姿进行射击。

防滑垫

运动员到达靶场，将滑雪杖放在地上后进行射击。

在个人赛中，每脱1靶，加罚1分钟；在其他比赛中，每脱1靶，加罚1圈。

卧射 以卧姿进行射击。

夏季奥运会小百科

人邮体育

国家体育总局青少年体育司
国家体育总局体育科学研究所 主编

中国工信出版集团
人民邮电出版社

完成冬奥会探索之旅后，如果你还想进一步了解夏奥会比赛项目，那就一定不要错过《夏季奥运会小百科》。在《夏季奥运会小百科》中，我将和大家继续探索奥林匹克运动的奇妙世界，获得关于田径、足球、篮球、羽毛球、游泳、竞技体操、皮划艇和跆拳道等 47 个夏奥会比赛项目的信息，包括它们的起源与发展、竞赛规则、场地要求、观赏点和运动装备等。这些内容将帮助你充分了解每个项目的"玩法"和必要运动装备，从而让你以更专业的视角观看比赛，更高效、安全地参与运动。

期待和大家开启夏奥会探索之旅！相信这一趟旅程同样会让你收获满满。

运动启蒙
知识绘本

观看比赛
优质指南

亲子共读
理想选择

拓展运动知识，
激发运动兴趣

47个 夏奥会项
目，一本看懂

探索运动世界，
共享亲子时光

举重　田径　足球　篮球、三人篮球　排球、沙滩排球　乒乓球　羽毛球　网球　高尔夫球　手球　曲棍球　橄榄球　棒球、垒球

游泳、公开水域游泳　花样游泳　跳水　水球　冲浪　帆船　赛艇　皮划艇　射箭　射击　击剑　马术

自行车　铁人三项　现代五项　竞技体操　蹦床　艺术体操　拳击　摔跤　柔道　跆拳道　空手道　滑板　攀岩